AF253551

M. WASHBURNE

ET

MGR DARBOY

PAR

L. ARMAGNAC

EXTRAIT DU *CORRESPONDANT*

PARIS

LIBRAIRIE DE CHARLES DOUNIOL ET CIE, ÉDITEURS

29, RUE DE TOURNON, 29

1877

M. WASHBURNE

ET

MGR DARBOY

PARIS. — E. DE SOYE ET FILS, IMPR., 5, PL. DU PANTHÉON.

M. WASHBURNE

ET

MGR DARBOY

PAR

L. ARMAGNAC.

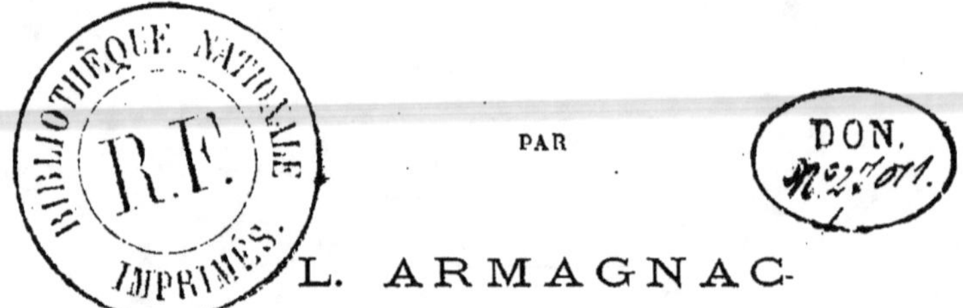

EXTRAIT DU *CORRESPONDANT*

PARIS

LIBRAIRIE DE CHARLES DOUNIOL ET C°, EDITEURS

29, RUE DE TOURNON, 29

1877

M. WASHBURNE & MGR DARBOY

M. Elihu Washburne, qui avait été nommé, le 17 mars 1869, envoyé extraordinaire et ministre plénipotentiaire des États-Unis d'Amérique près du gouvernement français, doit présenter ses lettres de rappel au Maréchal, président de la République, vers le commencement de septembre. Son successeur, M. le général Noyes, qui vient de partir de New-York, prendra, à cette époque, possession des fonctions auxquelles il a été appelé par M. le président Hayes.

Quel que fût son regret de quitter la France qu'il aime, où il a séjourné longtemps et où il compte de nombreux amis, M. Washburne a dû céder à des considérations personnelles d'une haute importance et il a donné au commencement de cette année sa démission que le gouvernement américain n'a acceptée qu'avec regret et sur ses vives instances.

Cet homme éminent qui, pendant la double présidence du général Grant, s'est acquitté de ses fonctions avec une distinction et une bienveillance qui lui ont acquis les sympathies générales, va bientôt quitter Paris pour rentrer dans ses foyers.

Nous croirions manquer à notre devoir de catholique et de Français, si nous laissions partir M. Washburne sans lui rendre un hommage public d'estime et de reconnaissance pour les services, trop peu connus parmi nous, qu'il a rendus pendant la funeste période révolutionnaire de 1871.

Seul de tous les membres du corps diplomatique accrédités près du gouvernement français, M. Washburne resta à Paris pendant toute la durée de la Commune. Après avoir installé à Versailles les bureaux de sa Légation, il revint accompagné d'un seul secrétaire et ne cessa, avec un dévouement sans bornes, de mettre au service de ses compatriotes et des Allemands dont les intérêts lui étaient encore confiés, le crédit que lui donnaient la sympathie personnelle dont il était entouré et le prestige qui s'attachait à son titre de représentant d'une grande nation républicaine.

Dans des dépêches officielles adressées au cabinet de Washington

et qui furent publiées en 1871 dans le *Livre rouge* américain,
M. Washburne avait rendu compte à son gouvernement des rapports qui s'étaient établis pendant la Commune entre lui et
Mgr Darboy, alors prisonnier à Mazas, et des démarches qu'il avait
faites pour sauver l'archevêque. Le Cercle de New-York de l'Union
catholique des Etats-Unis, lui fit parvenir, le 13 novembre 1872,
pour sa conduite en cette occasion, une adresse de remercîments
dans laquelle se trouvent les passages suivants :

Les scènes effrayantes dont vous avez été témoin, pendant cette
période mémorable où l'émeute et la profanation usurpèrent la place
de l'ordre et de la religion et où le meurtre et l'incendie s'étalaient
impunément dans la ville, vous ont fourni une occasion rare, que vous
avez promptement et heureusement saisie, de montrer au monde que
le drapeau américain est toujours le premier quand il s'agit de secourir
le malheur et de déconcerter la licence.

Vous avez contemplé autour de vous les temples de Dieu profanés et
les ministres de sa sainte religion chassés comme des bêtes fauves par
une populace en furie.

Eminent parmi toutes les victimes était l'archevêque de Paris. Il était
« malade et en prison » et, conformément au précepte divin, vous l'avez
visité; vous avez compati à ses souffrances, vous l'avez consolé dans
son affliction et sa détresse, et vous avez essayé, non sans risque
pour vous, de sauver sa précieuse vie.

C'était là un acte digne d'un chrétien et qui convenait également au
ministre d'un gouvernement remarquable par son humanité.

Nous manquerions à notre devoir si nous négligions de reconnaître
votre grande bonté pour cet illustre prélat martyr. Chaque catholique se sentira reconnaissant et vous remerciera pour votre ingénieuse
charité dans cette triste circonstance.

M. Washburne, alors en congé aux Etats-Unis, se trouvait à
New-York, sur le point de revenir en France, quand cette adresse
lui parvint. Il en accusa réception au Dr Anderson, président du
Cercle catholique, par une courte note, en lui promettant qu'aussitôt
que ses occupations le lui permettraient, il répondrait d'une manière plus étendue et plus complète, ce qu'il fit en effet le 31 janvier 1873.

Cette lettre du 31 janvier a été imprimée par les soins de l'Union
catholique de New-York et forme, avec les documents diplomatiques
précédemment publiés et qui y ont été annexés, une petite brochure
de quarante pages sous le titre : *Relation des souffrances et de la
mort du très-révérend Georges Darboy, ancien archevêque de*

Paris, faite par son Excellence E.-B. Washburne, ministre des Etats-Unis à la cour de France, en réponse à une lettre par laquelle l'Union catholique de New-York remerciait son Excellence de son attention pour ce prélat.

Cette brochure est devenue assez rare en Amérique; elle est presque introuvable en France; M. Washburne lui-même ne la possède plus. Nous croyons être agréable à nos lecteurs en leur donnant la traduction de la lettre qui met en lumière la généreuse conduite du représentant des Etats-Unis, et qui donne des détails peu connus sur la captivité, la touchante résignation, le courage et la sérénité de l'illustre prélat martyr. La voici :

M. WASHBURNE, AU DOCTEUR HENRY JAMES ANDERSON, PRÉSIDENT, ETC.

Paris, le 31 janvier 1873.

Cher Monsieur,

Avant de quitter New-York, j'ai eu l'honneur de vous accuser réception, dans une courte note, d'une lettre qui m'avait été adressée par vous et par d'autres dignitaires de l'Union catholique (Cercle de New-York), en témoignagne d'approbation pour ma conduite comme représentant des Etats-Unis en France, pendant le siége et la Commune de Paris et particulièrement en ce qui touche l'illustre prélat, Mgr Darboy, archevêque de Paris. De retour à mon poste, je désire vous exprimer d'une manière plus convenable, à vous et à tous les membres de l'Union, mes remercîments reconnaissants et sincères pour votre bienveillance, et vous dire combien hautement j'apprécie votre approbation.

Je n'avais pas de relations personnelles avec feu l'archevêque de Paris avant que n'éclatât l'insurrection de la Commune, le 18 mars 1871; mais je connaissais beaucoup son caractère de réputation. C'était un homme éminent par sa piété et ses vertus et aimé par tout le peuple de Paris pour sa bonté, sa générosité, et sa charité. Lorsque la cité tomba entre les mains d'une populace armée qui exerçait un empire suprême et absolu sur la vie et les biens de toutes les personnes qui s'y trouvaient, et tandis que beaucoup de gens des classes élevées fuyaient le danger qui les menaçait, l'archevêque se refusa résolûment à quitter la cité, alléguant qu'il était de son devoir de faire face à tous les dangers, de rester avec son peuple dans les temps d'épreuve et d'essayer d'atténuer par son exemple et son courage les horreurs de la situation. Ce fut dans les premiers jours d'avril que j'appris qu'il avait été arrêté et arraché de sa résidence par l'ordre de Raoul Rigault, le procureur altéré de sang de la Commune, jeté dans la prison de Mazas et gardé au secret. Aucun crime ne lui était reproché; on avouait ouvertement qu'il avait été saisi et gardé comme otage. D'autres hommes éminents furent saisis en même temps et gardés dans le même dessein. Parmi eux se trouvait M. Bonjean, président de la Cour de cassation, l'abbé Deguerry, curé de la Madeleine et plusieurs prêtres.

Le 18 avril 1871, Mgr Chigi, nonce du Pape, à Paris, s'adressa à moi en son nom et au nom de quatre chanoines de l'église métropolitaine de Paris, pour invoquer ma protection en faveur de l'archevêque [1]. Je dois dire ici, pour plus de clarté, que lorsque l'insurrection éclata le 18 mars et que le gouvernement fut obligé de quitter la cité et d'aller à Versailles, il était convenable que le Corps diplomatique tout entier l'y suivît. J'y transportai en conséquence ma Légation; mais la situation de Paris, les nombreux intérêts de nos compatriotes que je devais pro-

---

[1] Voici le texte de la dépêche de Mgr Chigi et de celle des quatre chanoines.

L'ARCHEVÊQUE CHIGI, A M. WASHBURNE

Versailles-Montreuil, 2, rue de la Vieille-Église, 18 avril 1871.

Monsieur et cher collègue,

Permettez-moi de vous demander confidentiellement de vouloir bien accueillir avec bienveillance les quatre chanoines ecclésiastiques de l'église métropolitaine de Paris, qui viennent pour implorer votre protection, en faveur de leur archevêque, emprisonné par les insurgés de Paris. Permettez-moi de joindre mes prières à celles de ces bons chanoines, et de vous assurer de ma grande reconnaissance, pour tout ce que vous pensez que vous pourrez faire, ou tenter tout au moins, pour obtenir que la vie de Mgr Darboy ne coure aucun danger.

Recevez, etc.

Flavius CHIGI,
Archevêque de Myre, Nonce apostolique.

La lettre suivante avait été, à l'origine, adressée à l'ambassade d'Angleterre, par les quatre chanoines; mais la Légation anglaise ne crut pas pouvoir intervenir et déclina toute ingérence en cette affaire. Ce fut alors qu'on eut recours à M. Washburne, qui n'apprit que plus tard, qu'un appel avait été adressé à l'ambassade d'Angleterre, avant qu'aucune démarche fût tentée auprès de lui.

« Cette détermination de la Légation anglaise cependant, si je l'avais connue, dit M. Washburne, dans une dépêche officielle du 25 avril, n'eût apporté aucun changement dans ma conduite, car je me serais considéré comme parfaitement autorisé à étendre mes bons offices officieusement en faveur d'un homme aussi éminent par sa piété et aussi distingué par ses sentiments libéraux et ses vues élevées que l'archevêque de Paris, si cruellement persécuté en ce moment. »

Monsieur,

Les tristes évènements qui se passent à Paris n'ont pas manqué d'attirer l'attention de Votre Excellence, et entre autres déplorables excès que la guerre civile a fait naître, dans cette malheureuse cité, l'arrestation de Mgr l'archevêque et des principaux membres de son clergé, aura été particulièrement remarquée par les divers représentants des puissances amies de la France. Se fondant sur cette amitié et sur les bonnes relations qui existent entre le gouvernement (des Etats-Unis et Sa Majesté Britannique) et notre pays, nous, chanoines et membres du chapitre métropolitain de l'Eglise de Paris, qui avons pu nous réunir, prenons la liberté de prier Votre Excellence de vouloir bien

téger, les intérêts de l'Allemagne dont j'avais été chargé, étaient tels qu'il me parut de mon devoir de rester dans la cité, tandis que mon secrétaire, le colonel Hoffmann, se chargea de la Légation à Versailles, et ce fut probablement parce que j'étais le seul membre du Corps diplomatique resté à Paris durant le règne de la Commune que l'on eut recours à moi en faveur de l'archevêque.

J'eus une entrevue avec Mgr Chigi, à Versailles, le 22 avril et il m'exposa la périlleuse situation de l'archevêque. La Commune était à ce moment à l'apogée de son pouvoir. Avec plus de cent mille soldats, tous complétement armés, équipés, approvisionnés, avec toute la richesse de Paris à ses pieds, elle régissait par la violence et la terreur cette grande cité de près de deux millions d'hommes. Le Nonce apprécia avec moi combien c'était une affaire délicate d'essayer d'intervenir auprès des autorités de la Commune en faveur de l'archevêque; mais comprenant que j'interprétais exactement les sentiments de mon gouvernement et du peuple des Etats-Unis et sympathisant profondément avec le malheureux persécuté, j'exprimai au Nonce, non-seulement ma bonne volonté, mais mon sérieux désir de faire tout ce qui serait en mon pouvoir, tout ce que, dans ma position, je pourrais faire sans manquer aux convenances, pour obtenir son élargissement.

De retour de Versailles à Paris assez tard dans l'après-midi, je pris mes mesures, le soir même, pour obtenir le lendemain (dimanche), une entrevue avec le général Cluseret, alors secrétaire de la guerre de la Commune, dans le dessein de voir ce qui pouvait être fait. J'avais connu Cluseret auparavant, parce qu'il avait été général à notre service pendant la rébellion, et qu'il s'était fait naturaliser citoyen des Etats-Unis. Accompagné de mon secrétaire particulier, M. Mac-Kean, je me rendis auprès de lui au ministère de la guerre, à l'heure qui m'avait été indiquée. Tout en m'exprimant beaucoup de sympathie pour l'archevêque et en faisant profession de regretter son arrestation, il me

*

interposer ses bons offices, en la forme qu'elle jugera convenable, pour obtenir que notre archevêque soit délivré au plus tôt, et que la cause de l'humanité et de la civilisation cesse de souffrir dans sa personne, doublement respectable par sa dignité et par ses mérites, une des plus graves atteintes qu'elle ait jamais pu subir.

Toute idée politique étant d'ailleurs exclue de notre démarche, et nous plaçant uniquement sur le terrain du droit des gens et de la sympathie que ne peut manquer d'inspirer un traitement aussi immérité, nous osons espérer que Votre Excellence accueillera favorablement notre demande et qu'elle lui donnera toute la suite que nous pouvons désirer.

Dans cet espoir, etc.

Ont signé :

    E.-J. LAGARDE, *vicaire général, archidiacre de Sainte-Geneviève.*
    Ern. BOURRET, *chanoine honoraire.*
    L. ALLAIN, *chanoine secrétaire.*
    LOUVRIER, *chanoine pénitencier du diocèse de Paris.*

dit franchement que l'état d'exaspération du sentiment de Paris était tel qu'un homme qui proposerait son élargissement ne serait pas en sûreté un moment. Je lui fis quelques observations contre l'inhumanité et la barbarie de saisir un homme tel que l'archevêque, qu'on ne pouvait accuser d'aucun crime, de le jeter en prison, d'interdire tout rapport avec lui et de le détenir comme otage ; je lui dis que s'il n'était pas possible de le relâcher, il fallait me permettre de le visiter dans sa prison, de m'informer de ses désirs et de m'enquérir de ses besoins. Cluseret reconnut que ma demande de le voir était raisonnable et me proposa d'aller en personne, immédiatement, à la Préfecture de Police avec moi, pour voir Raoul Rigault et obtenir l'autorisation nécessaire pour visiter l'archevêque dans la prison de Mazas.

Il était environ onze heures du matin quand nous arrivâmes à la Préfecture de Police et, sous l'escorte d'un dignitaire tel que Cluseret, nous traversâmes les dédales de cette antique et effrayante prison dont toutes les entrées, tous les vestibules étaient remplis de troupes de la garde nationale insurrectionnelle. Sur notre demande de voir Raoul Rigault, on nous informa qu'il était encore dans son lit, et Cluseret alla le voir tandis que M. Mac-Kean et moi, nous attendions dans le salon doré du palais de la Préfecture. Cluseret revint bientôt apportant un laisser-passer, qui est lui-même une curiosité, et dont voici la copie :

RÉPUBLIQUE FRANÇAISE

Préfecture de Police. Cabinet du secrétaire général.

Paris 23 avril 1871.

Nous, membre de la Commune, délégué civil à la Préfecture de Police, autorisons le citoyen Washburne, ministre des Etats-Unis, et son secrétaire, à communiquer avec le citoyen Darboy, archevêque de Paris.

Raoul RIGAULT.

(Sceau officiel).

Nous ne perdîmes pas de temps pour nous servir du permis, et je me fis conduire directement de la Préfecture à la prison de Mazas. Bien que la prison fût entre les mains de la Commune, je fus reçu avec politesse et je n'éprouvai aucune difficulté à parvenir jusqu'à l'archevêque [1]. J'ai rendu un compte complet de mon entrevue avec lui

---

[1] Nous ne connaissons que deux autres personnes auxquelles semblable faveur ait été accordée : M. Mac-Kean, secrétaire de M. Washburne, qui l'avait accompagné dans quelques-unes de ses visites et M. Plou, avocat consultant à Paris. Ce jurisconsulte avait été choisi comme conseil par Mgr Darboy et avait obtenu de Raoul Rigault l'autorisation de conférer avec son illustre client dans sa prison. Il eut deux entrevues avec l'arche-

dans une dépêche officielle écrite le jour même à mon Gouvernement [1]. Je prends la liberté de vous envoyer ci-joint une copie de toute ma correspondance à ce sujet, qui a été publiée par le ministre d'Etat, à Washington. Comme je le trouvai très-faible et souffrant beaucoup de dyspepsie, j'obtins la permission de lui faire porter un peu de vieux vin de Porto et de lui adresser en même temps quelques journaux. Je lui proposai aussi de lui envoyer toute autre chose qu'il pouvait désirer et de lui fournir tout l'argent dont il pouvait avoir besoin ; mais il n'avait besoin de rien de ce genre.

Après ma première entrevue avec l'archevêque, il m'inspira un tel intérêt ; il sembla si heureux de me voir, que je le visitai aussi souvent que mes pressants devoirs me le permirent. Pendant quelque temps on me laissa entrer librement, et j'étais reçu avec un certain degré de politesse par les gardiens. L'avant-dernière fois que je me rendis à la prison, je vis affiché un avis portant que toutes les permissions pour visiter les prisonniers seraient révoquées ; mais l'archevêque était si faible que j'étais déterminé à avoir, si cela était possible, un autre permis. En conséquence, j'envoyai M. Mac-Kean à Raoul Rigault qui était alors, comme toujours, l'esprit dirigeant de la Commune, afin d'obtenir une autre passe permanente.

M. Mac-Kean qui avait été obligé de voir fréquemment cet homme pour des affaires de ma Légation et qui était demeuré en bons termes avec lui, lui arracha, après beaucoup d'efforts, la pièce suivante :

COMMUNE DE PARIS

Cabinet du procureur de la Commune.

Paris, 18 mai 1871.

Le directeur de Mazas permettra aux citoyens Washburne et Mac-Kean de communiquer avec le prisonnier Darboy.
Permanent.

Raoul RIGAULT.
Procureur de la Commune.

(*Sceau officiel*).

Vu le 21 mai 1871.

Vous remarquerez ces termes, qui indiquent l'irritation de cet homme à ce moment. Je ne suis plus désigné comme le « citoyen

vêque, mais la permission donnée par Rigault fut retirée par le sinistre Ferré, et, malgré tous ses efforts, l'honorable et courageux M. Plou ne put revoir Mgr Darboy, bien qu'il se fût adressé à M. Washburne, en le priant d'user de son influence pour lui obtenir un laisser-passer.

[1] Cette dépêche est insérée dans les *Foreign Relations* des Etats-Unis, pour l'année 1871, p. 332. Deux autres dépêches de M. Washburne, relatives au même sujet, se trouvent dans cette publication, aux pages 333 et 334.

Washburne, ministre des Etats-Unis, » mais simplement comme le
« citoyen Washburne » et l'archevêque, au lieu d'être désigné comme
le « citoyen Darboy, archevêque de Paris, » est appelé simplement le
« prisonnier Darboy. »

J'avais jusqu'à ce moment visité l'archevêque six fois différentes, et
c'est une grande satisfaction pour moi de croire que mes visites
étaient une source de consolation pour lui. Je lui apportais toujours
quelques journaux et je lui disais les nouvelles du jour. Notre conversation roulait souvent sur les efforts qui étaient faits pour l'échanger contre Blanqui, le grand communiste et révolutionnaire, alors
prisonnier du gouvernement régulier [1].

Il m'exprimait toujours ses remercîments pour mes visites et il fut
assez bon pour me dire plus d'une fois qu'une des raisons pour les-
quelles il aimerait à être mis en liberté, était qu'il pourrait dire au
monde combien j'avais été bon pour lui pendant sa captivité.

L'avant dernière fois que je le vis, je fus très-affligé de le trouver
dans un état de santé moins bon que celui où je l'avais vu jusqu'alors.
Sa réclusion avait aggravé sa dyspepsie et abattu ses forces. Ressentant
une certaine inquiétude à son égard, je retournai le voir dans l'après-
midi du dimanche, 21 mai, apportant avec moi la permission spéciale
de Raoul Rigault que j'ai reproduite plus haut. Elle m'obtint facilement
l'entrée de la prison ; mais quand j'y pénétrai, je trouvai tout dans une
situation bien différente de ce qu'elle avait été précédemment. La plu-
part des hommes en fonctions étaient nouveaux et la confusion la plus

---

[1] Il fut en effet question d'échanger Blanqui contre Mgr Darboy et quelques autres otages. Mais, si grand que fût son désir de voir mettre en liberté
l'archevêque, M. Bonjean, M. l'abbé Deguerry surtout, son ami personnel,
M. Thiers n'osa pas prendre sur lui la responsabilité d'une mesure qui lui
paraissait dépasser la limite de ses pouvoirs ; il avait d'ailleurs la conviction
bien arrêtée que la vie de l'archevêque ne courait absolument aucun danger,
et il n'hésitait pas à exprimer cette opinion. Mgr Chigi, M. Washburne
l'attestent.

La question fut soumise au Conseil des ministres et ensuite à la Commis-
sion dite des Quinze. Tout en plaignant sincèrement la situation des otages,
on fut unanime à reconnaître, à Versailles, que le Gouvernement ne pouvait
pas, ne devait pas traiter avec la Commune, sous quelque prétexte que ce
fût. On soutint, en outre, qu'il serait monstrueux de relaxer sans jugement
ou, ce qui serait pis, malgré un jugement, un misérable qui avait conspiré
toute sa vie contre sa patrie. On représenta que Blanqui était légalement et
justement incarcéré pour ses crimes, et il fut décidé qu'on ne pouvait le
laisser sortir de prison, afin d'obtenir en échange la mise en liberté d'hommes
honorables sur lesquels ne pesait absolument aucune accusation, qui
avaient été arrêtés en vertu de décisions arbitraires, iniques et contraires
non-seulement aux lois, mais aux principes les plus élémentaires du droit
des gens.

complète régnait. Presque tous étaient plus ou moins ivres, tous ensemble réclamaient le commandement et tous semblaient contrariés de ma présence. Au lieu de la politesse ordinaire avec laquelle j'avais été uniformément reçu, je fus traité avec grossièreté. Ils refusèrent de me permettre d'entrer dans la cellule de l'archevêque, comme je l'avais fait jusque-là, mais ils l'amenèrent dans le corridor où je ne pus causer avec lui qu'en présence des gardiens. Malheureusement je devais lui apprendre que je n'avais pas de bonnes nouvelles à lui communiquer et que la situation ne s'améliorait pas. Je lui dis que je l'avais trouvé si mal portant la dernière fois que je l'avais vu, que c'était pour savoir de ses nouvelles que j'étais revenu si tôt, et je lui demandai si je pouvais encore lui rendre quelque service. Il me réitéra ses remercîments et me dit qu'il ne savait rien que je pûsse faire pour lui cette fois. Après quelques instants encore de conversation, je lui dis un adieu qui, hélas ! devait être l'adieu final, mais en l'informant que j'avais reçu un permis permanent et en lui promettant de venir bientôt le revoir.

Jusqu'à cette époque, bien que souffrant et accablé d'angoisses, non-seulement à cause de sa propre situation, mais à cause de celle de son pays, toutes les fois que je le visitai, il semblait non-seulement aimable, mais quelquefois même gai. Je n'oublierai jamais la « *naïveté* » avec laquelle il m'introduisit dans sa lugubre petite cellule, me la dépeignant comme étant à la fois son petit salon, son grand salon, sa chambre à coucher et sa salle à manger. Bien qu'il ait toujours apprécié le danger de sa situation, il s'exprimait comme préparé à la destinée quelle qu'elle fût, qui l'attendait, et, comme je le dis dans ma dépêche au gouverneur Fish, aucun mot de reproche pour ses persécuteurs ne lui échappa jamais ; au contraire, il parla toujours d'eux en termes bienveillants. Je n'avais jamais vu auparavant une telle résignation ni tant d'esprit chrétien en aucun homme ; je ne vis jamais une personne qui parut aussi élevée au-dessus des choses de la terre. Lors de cette dernière visite, il me parut très-changé. Il avait perdu sa bonne humeur et semblait triste et abattu. Le changement des gardiens de la prison et la démoralisation générale qui y régnait lui présageaient malheur. Et il se trouvait cependant qu'au moment même où j'étais avec lui, cette dernière fois, les troupes du Gouvernement étaient entrées dans Paris, de l'autre côté de la ville, bien que le fait n'eût été connu que plusieurs heures après. Vous pouvez bien vous imaginer l'état des sentiments dans lesquels les partisans de l'insurrection furent plongés quand ils apprirent que les forces du Gouvernement étaient en-deçà des murs de Paris. Les dispositions que quelques-uns des chefs entretenaient à l'égard de l'archevêque, avant cette époque, furent exprimées par *la Montagne*, l'un des plus sauvages et des plus cruels de tous les journaux communards de Paris, dans les termes honteux que voici :

Dent pour dent, a dit la Commune.

Et ne parlez pas de Dieu. Ce croquemitaine ne nous effraie plus. Il y a trop longtemps qu'il n'est qu'un prétexte à pillage et à assassinat.

C'est au nom de Dieu, que Guillaume a bu à plein casque le plus pur de notre sang ; ce sont des soldats du Pape qui bombardent les Ternes.

Nous biffons Dieu.

Les chiens ne vont plus se contenter de regarder les évêques ; ils les mordront ; nos balles ne s'aplatiront pas sur les scapulaires ; pas une voix ne s'élèvera pour nous maudire, le jour où l'on fusillera l'archevêque Darboy.

Il faut que M. Thiers le sache, il faut que M. Favre, le marguillier, ne l'ignore pas.

Nous avons pris Darboy comme otage et si l'on ne nous rend point Blanqui, il mourra.

La Commune l'a promis ; si elle hésitait, le peuple tiendrait le serment pour elle.

Et ne l'accusez pas.

Que la justice des tribunaux commence, disait Danton, au lendemain des massacres de septembre, et celle du peuple cessera...

... Ah ! j'ai bien peur pour Mgr l'archevêque de Paris [1].

Gustave MAROTEAU.

Aussitôt que le commandant en chef des forces du Gouvernement eut pénétré dans Paris, je lui rendis visite à son quartier général pour lui faire connaître la situation de l'archevêque, afin qu'il pût prendre les mesures qui lui paraîtraient les plus convenables pour essayer de sauver sa vie ; mais il fut impossible de rien faire, car les troupes de l'insurrection tenaient en leur pouvoir toute cette partie de la ville qui s'étend entre la place de la Concorde et les prisons de Mazas et de la Roquette, et combattaient derrière les barricades avec la fureur du désespoir. On sut plus tard que le *lundi 22 mai*, une demi-douzaine des chefs les plus féroces de la Commune, y compris Raoul Rigault, s'étaient réunis en conseil et avaient décrété la mort de l'archevêque et de cinq autres otages.

Je ne puis ici entrer dans les horribles détails de ce qui suivit. Les prisonniers furent bientôt transportés de Mazas à la Roquette dans une tapissière, suivis pendant tout le trajet par une populace en furie d'hommes, de femmes et d'enfants qui insultaient ces malheureux par

---

[1] Un peu plus tard, on lisait dans un autre journal, le *Salut public* :

La Commune avait arrêté Darboy comme otage, Blanqui n'est pas revenu et Darboy vit toujours. Le vieux, lui, est peut-être mort.

Elle a nommé un Comité de Salut public et maintenant elle déserte, au lieu de se serrer autour de lui ; elle a institué une cour martiale et quand il y a tant de traîtres à punir, elle ne lui envoie que des coupables insignifiants.

Que le Comité de Salut public rende de suite des décrets implacables et les fasse de suite exécuter. Si on empêchait nos amis de châtier les traîtres, faites-vous justice, fusillez-les vous-mêmes, comme Clément Thomas et Lecomte.

des cris et des plaisanteries obscènes. Enfermés à la Roquette, ils y demeurèrent jusqu'au *mercredi 24 mai*, à six heures du soir. Vers sept heures, un détachement d'environ quarante hommes, appartenant à une compagnie de la garde nationale insurrectionnelle appelée « Les Vengeurs de la République », avec un capitaine, un premier et un second lieutenant, un commissaire de police, et deux membres délégués par la Commune, arrivèrent à la prison. Après de longs pourparlers avec le directeur en fonctions, qui refusa d'abord de livrer les victimes, elles furent enfin abandonnées à cette bande d'assassins et livrées à une mort prompte et certaine.

Comme je désirais vivement connaître tout ce qu'il était possible de savoir au sujet des dernières heures de l'archevêque, je visitai la prison de la Roquette quelques jours après le massacre. Grâce à la courtoisie de l'officier de l'armée qui commandait et de l'un des vieux gardiens de la prison, on me fit pénétrer dans la cellule où l'archevêque avait été détenu et de laquelle il avait été tiré pour être fusillé. Tout dans la cellule était précisément à l'état où il l'avait laissée. L'abbé Deguerry, curé de la Madeleine, le président Bonjean et trois autres otages distingués avaient été tirés de la même prison au même moment. Ils avaient, au nombre de six, reçu l'ordre de descendre dans la cour et avaient été placés contre le mur d'enceinte du sombre édifice de la prison. Tout me fut bien indiqué. L'archevêque, le plus illustre de tous, avait été placé à la tête de la ligne. Les démons qui le tuèrent avaient, comme par dérision, dessiné une crosse sur une des pierres du mur contre laquelle il avait été placé et à l'endroit même où sa tête devait avoir porté au moment où fut faite la fatale décharge. Bien que blessé, il n'était pas tombé aux premiers coups, mais était demeuré droit, calme et immobile, semblant absorbé dans la prière. D'autres décharges s'étaient succédé immédiatement, et la vénérable victime était enfin tombée sur le sol.

Le lendemain, vers trois heures, les corps des six otages qui avaient été fusillés en même temps furent jetés dans un tombereau, emportés au cimetière du Père-Lachaise et jetés pêle-mêle, sans linceul et sans bière, dans la fosse commune, de laquelle ils furent heureusement enlevés avant que la décomposition s'en fût pleinement emparée. Le corps de l'archevêque avait été dépouillé de tout, même de ses souliers. Les détails repoussants de ce drame terrible et sanguinaire furent longuement développés dans le jugement des assassins devant un tribunal militaire à Versailles. Plusieurs des coupables ont reçu un châtiment juste et mérité.

Le corps de l'archevêque, après avoir été embaumé fut placé en grande pompe dans une chapelle ardente à l'archevêché, du 1ᵉʳ au 7 juin. Je me joignis à la foule énorme du peuple de Paris qui traversa le palais afin de voir une dernière fois les traits de celui que sa charité chrétienne, ses actes de bienfaisance, son aimable naturel et sa bonté pour les pauvres et les humbles leur avaient rendu si cher.

Pour répondre aux remercîments bienveillants que l'*Union catholique* m'adresse, à l'occasion de mes faibles efforts en faveur de l'archevêque, je vous ai donné ce rapide et bien imparfait récit de mes rapports avec lui ; j'espère que vous le trouverez de quelque intérêt. Plût à Dieu qu'il eût été en mon pouvoir de sauver une si précieuse vie !

Je suis touché de vos allusions à l'illustre prélat et martyr. Nul homme ne pouvait se trouver avec lui sans être captivé par son esprit aimable et sa conversation éclairée. Faisant briller dans sa vie toutes les vertus chrétiennes, il était instruit, éloquent, libéral et juste. Il affronta son sort avec toute la fermeté d'un martyr chrétien, et tous les cœurs généreux ont payé à sa mémoire un tribut de respect.

J'ai l'honneur d'être très-respectueusement,

Votre obéissant serviteur,

E.-B. Washburne.

Après les funestes évènements de la Commune, le cardinal Antonelli, sur l'ordre de Notre-Saint-Père le Pape, invita Mgr Chigi à exprimer à M. Washburne les sentiments de gratitude de Sa Sainteté pour tout ce que l'éminent diplomate avait fait en faveur de Mgr Darboy.

Nous n'hésitons pas à penser qu'après avoir lu les pages émouvantes qui précèdent, tous les catholiques français partageront les sentiments de Notre-Saint-Père le Pape envers M. Washburne, et qu'ils ne voudront pas laisser partir cet homme de bien sans lui adresser, avec un adieu cordial et sympathique, l'expression de leurs sentiments de reconnaissance, et l'assurance des regrets et des profonds souvenirs qu'il laisse parmi nous.

APPENDICE

(*Extrait*).
N° 423.

M. WASHBURNE A M. FISH

Légation des Etats-Unis

Paris, 23 avril 1871 (reçue le 10 mai).

Monsieur,

.... Vous savez que Mgr Darboy, archevêque de Paris a été arrêté, il y a quelques temps, par l'ordre de la Commune et jeté en prison pour y être détenu comme otage. Un pareil traitement infligé à un homme aussi pieux et aussi excellent ne pouvait que produire une grande sensation, dans le monde catholique en particulier. Jeudi dernier, au soir, je reçus une lettre de Mgr Chigi, archevêque de Myre et nonce apostolique du Saint-Siége et une autre de MM. Louvrier, chanoine du diocèse de Paris, Lagarde, vicaire général de Paris, Bourret et Allain, chanoines et membres du chapitre de l'église métropolitaine de Paris. Tous m'adressaient un pressant appel, au nom du droit des gens, de l'humanité, de la sympathie, pour que j'interposasse mes bons offices en faveur de l'archevêque prisonnier. J'ai pensé que je ne ferais que me conformer à ce que je croyais la politique de notre gouvernement et accomplir ce que je comprenais être votre désir en cette circonstance en accueillant la demande que m'avaient adressée ces Messieurs.

En conséquence ce matin de bonne heure je me suis mis en rapport avec le général Cluseret qui semble en ce moment avoir ici la direction des affaires. Je lui dis que je m'adressais à lui non pas comme diplomate, mais simplement dans l'intérêt des bons sentiments et l'humanité, pour rechercher s'il n'était pas possible de voir l'Archevêque délivré de sa dure captivité. Il me répondit que cette affaire n'était pas dans ses attributions et que bien qu'il désirât voir relâcher l'Archevêque, il pensait, eu égard à l'état des affaires, que c'était impossible. Il me dit que Mgr Darboy n'était pas arrêté pour crime, mais simple-

ment détenu comme otage, comme beaucoup d'autres l'avaient été.
Dans les circonstances actuelles, il pensait qu'il serait inutile de faire
aucune démarche pour obtenir sa liberté. Je pensais moi-même que la
Commune n'oserait pas, dans l'état présent de surexcitation des esprits,
relâcher l'Archevêque. Cependant je dis au général Cluseret qu'il fallait
que je le visse pour m'assurer de sa situation réelle, de l'état de sa
santé et savoir s'il avait besoin de quelque chose. Il me dit qu'il ne
pouvait y avoir d'objection à cela et il vint immédiatement en personne
avec moi à la Préfecture de Police. Par son entremise j'obtins du
Préfet une permission pour visiter librement l'Archevêque en tout
temps. Accompagné de mon secrétaire particulier, M. Mac-Kean, je me
rendis à la prison de Mazas où je fus admis sans difficulté. Je fus intro-
duit dans une cellule vide et l'Archevêque y fut bientôt conduit. Je
dois dire que je fus profondément touché à l'aspect de cet homme vénérable. Avec son corps frêle, sa taille légèrement voûtée, sa longue
barbe (il ne paraissait pas avoir été rasé depuis son arrestation), sa
figure que sa mauvaise santé rendait hagarde, il n'aurait pas manqué
d'émouvoir le plus indifférent. Je lui dis que c'était avec grand plaisir
que sur la demande de ses amis, j'étais intervenu en sa faveur et que
puisque je ne pouvais me promettre la satisfaction de le voir mis en
liberté j'étais très-content d'être en position de le visiter, de m'enquérir de ses besoins et d'adoucir la cruelle position dans laquelle il se
trouvait. Il me remercia très-vivement et cordialement pour les dispositions que je lui avais exprimées. Je fus charmé par son esprit enjoué
et son intéressante conversation. Il semblait apprécier sa situation critique et être préparé au pire. Il n'avait pas un mot d'amertume ou de
reproche pour ses persécuteurs, mais il observa au contraire, que le
monde les jugeait pires qu'ils n'étaient en réalité. Il attendait patiem-
ment « la logique des événements » et demandait à la Providence de
trouver une solution à ces terribles troubles sans une plus grande effu-
sion de sang humain. Il est renfermé dans une cellule de 6 pieds sur 10
peut-être un peu plus large, garnie du mobilier ordinaire de la prison
Mazas, une chaise de bois, une petite table en bois et un lit de prison.
La cellule est éclairée par une petite fenêtre. En sa qualité de prisonnier
politique, il est autorisé à faire apporter sa nourriture du dehors et en
réponse à l'offre que je lui faisais que je serais heureux de lui envoyer
ce qu'il pourrait désirer ou de lui fournir l'argent qui pourrait lui être
nécessaire, il me répondit qu'il n'avait besoin de rien. J'étais le premier homme de l'extérieur qu'il eût vu depuis son emprisonnement et
il n'avait pas eu la permission de lire les journaux ou d'avoir aucune
communication sur les événements qui se produisaient. Je m'adresserai
au Préfet de Police pour avoir l'autorisation de lui envoyer des journaux et quelque autre chose à lire et j'userai de la permission qui m'a

été accordée de le visiter afin de pouvoir lui prêter toute l'assistance que je pourrai. Je ne puis me dissimuler cependant le grand danger dans lequel il se trouve et j'espère sincèrement que je contribuerai à le sauver du sort qui paraît le menacer.

J'ai l'honneur, etc.,

E.-B. WASHBURNE.

Mgr CHIGI A M. WASHBURNE

(Confidentielle).

Versailles-Montreuil, 25 avril 1871.

Monsieur le Ministre et cher collègue,

Je ne saurais en vérité comment vous remercier de tout ce que vous avez bien voulu faire pour venir au secours du digne Archevêque de Paris. Vous avez fait plus que je n'aurais pu espérer malgré toute la confiance que m'inspiraient les sentiments d'humanité et de commisération qui sont propres de votre cœur et de la généreuse nation que vous représentez si dignement en France et je suis sûr que vos démarches auprès des hommes entre les mains desquels se trouve en ce moment le sort de Mgr Darboy ne manqueront pas d'obtenir le plus favorable effet qu'il sera possible d'espérer, vu les circonstances du présent.

J'ai lu avec grand intérêt et avec un sentiment de profonde reconnaissance envers vous, M. le Ministre, la dépêche dont vous avez eu la bonté de me donner si gracieusement communication confidentielle et réservée et je m'empresse de vous la renvoyer ci-jointe, avec tous mes remercîments, à l'adresse de la Légation des États-Unis à Versailles, d'après ce que vous m'avez indiqué dans votre honorée lettre d'hier.

M. le col. Hoffmann m'a dit que vous viendriez bientôt à Versailles et je l'ai prié de me prévenir de votre arrivée pour que je puisse sans retard aller vous présenter toute l'expression de ma reconnaissance et mes hommages.

Veuillez, en attendant, agréer dès ce moment la nouvelle assurance de mes sentiments de gratitude et de la haute et respectueuse considération avec laquelle j'ai l'honneur d'être,

Monsieur le Ministre,

Votre très-humble et dévoué serviteur,

FLAVIUS CHIGI,
Archevêque de Myre, nonce apostolique.

M. WASHBURNE A M. FISH

(Extrait).
N° 431.   *Légation des Etats-Unis*

Paris, 2 mai 1871.

.·........ J'ai le regret de dire que je considère la vie de l'Archevêque de Paris comme étant dans le danger le plus imminent. Le bruit que le prince de Bismarck s'est déterminé à intervenir pour sauver la vie de l'Archevêque s'étant malheureusement répandu, a causé une grande excitation. Dimanche dernier, un parti de gardes nationaux a pénétré dans la prison de Mazas avec le dessein avoué de fusiller l'Archevêque. Très-heureusement, un membre de la Commune fit son apparition à ce moment et put empêcher la réalisation de ce dessein. Les gardiens réguliers de la prison furent très-alarmés et transportèrent l'Archevêque, de la cellule qu'il occupait, dans une autre partie de la prison. Ce qui fut empêché dimanche par la présence accidentelle d'un membre de la Commune peut arriver chaque jour. Ayant des raisons de croire que le général Fabrice est chargé par son gouvernement de faire ce qu'il pourra pour sauver la vie de l'Archevêque et chargé comme je le suis de la protection des intérêts allemands aussi bien que des intérêts de l'humanité, j'ai cru qu'il était de mon devoir de lui adresser un message confidentiel et verbal par un membre de ma légation, l'avertissant de la situation critique présente de l'Archevêque, afin que s'il a des instructions pour intervenir, il puisse faire à cet égard les démarches qu'il jugera convenables.

J'ai l'honneur, etc.,

E.-B. WASHBURNE.

Paris. — E. DE SOYE et FILS, imprimeurs, place du Panthéon, 5.

Paris. — E. DEYOYE et FILS, imprimeurs, place du Panthéon, 5.